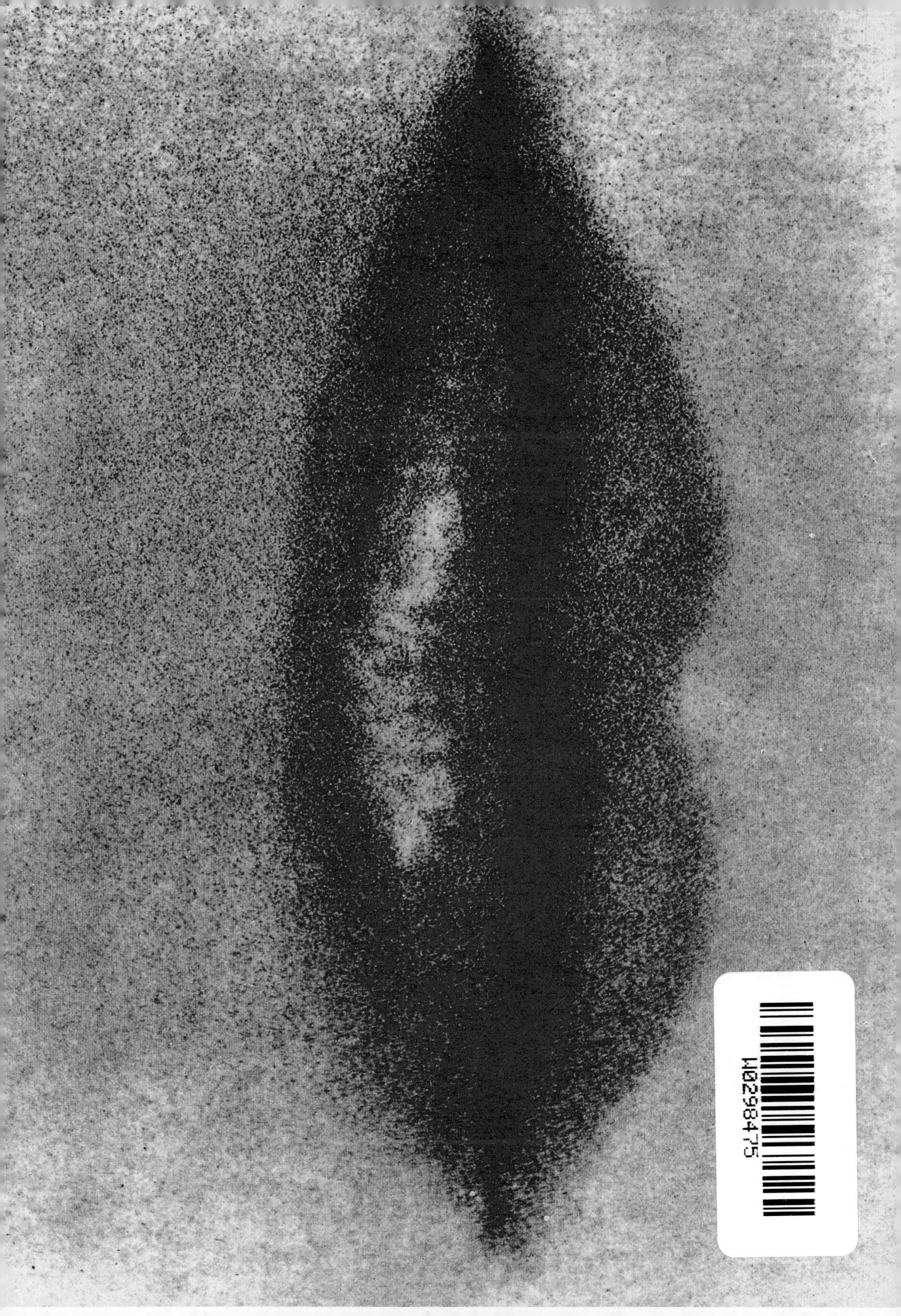

TEORÍA PARTICULAR SOBRE EL BESO

por **LOLA GARRIDO ARMENDÁRIZ**

Esta TEORÍA PARTICULAR SOBRE EL BESO
ha sido elaborada por *Lola Garrido Armendáriz.*

Mi agradecimiento a Inge Morath, Eli Reed, Ferdinando Scianna, Susan O'Connor, al cine –donde aprendí a besar–, a algunos besos famosos y, sobre todo, a dos personas que me enseñaron que un beso no es sólo un beso (pese a lo que diga la canción de *Casablanca*).

Impresión: Artegraf, S. A.–Madrid.
Depósito Legal: M. 7.546 - 1993
ISBN: 84-604-5737-0

ALGUNAS FRASES

ALGUNOS BESOS

A mi madre, que me dio el primer beso
creándome adicción.

CRÉDITOS FOTOGRÁFICOS

EL BESO FUE EL BIG-BANG

LOLA GARRIDO ARMENDÁRIZ

EN EL LIBRO DE GROSSMAN *VIDA Y DESTINO* SE LEE: "CUANDO SE AMA SE CIERRAN LOS OJOS AL BESAR". TODOS SABEMOS QUE AMAR ES UN ACTO CIEGO. EL HORIZONTE DE LOS BESOS ES ILIMITADO, Y PARA QUE NUESTRA CABEZA SE CONCENTRE ES NECESARIO ESE ACTO CIEGO. SI PENSAMOS EN CUANDO HEMOS AMADO SIEMPRE RECORDAMOS ESOS MOMENTOS SUBLIMES EN LOS QUE, ABANDONADOS AL OTRO, CERRAMOS LOS OJOS EN UN ACTO DE PÉRDIDA DE CONSCIENCIA DE LA REALIDAD PARA ADENTRARNOS EN UN SUEÑO.

UNA DE LAS COSAS POR LAS QUE MERECE LA PENA VIVIR ES EL BESO. EL QUE HA CONOCIDO Y DISFRUTADO DE LOS BESOS EN EL INICIO DE UNA PASIÓN DIFÍCILMENTE SOBREVIVIRÁ SIN ELLOS.

EL BESO ES UN VIAJE DEL QUE SÓLO ES POSIBLE REGRESAR CUANDO LOS LÍMITES SON YA LOS CONOCIDOS. CUANDO TODOS LOS HORIZONTES CONSISTEN EN ESPERAR QUE ESE BESO SE HAGA MÁS GRANDE, QUE SEA MÁS DESCONOCIDO Y QUE SÓLO

EXISTA EL ANTES, NUNCA EL DESPUÉS, AÚN ES UN VIAJE DE IDA.

AL BESAR EL TIEMPO PIERDE SU MEDIDA: EN EL PRIMER BESO PARECE ACELERARSE, SE QUIERE ABANDONAR EL COLEGIO, DEJAR A LOS PADRES, PARTIR. PERO HAY BESOS EN LOS QUE EL TIEMPO SE DETIENE, RECORDAMOS BESOS ANTERIORES Y MEDIMOS INTENSIDADES HASTA DARNOS CUENTA QUE LA PÉRDIDA ES INMINENTE.

EN OCASIONES EL BESO ES SÓLO UNA FASE DE UN RITUAL Y EN OTRAS SE CONVIERTE EN EL RITO.
EL BESO ES UN RECURSO FILOLÓGICO PARA ENTENDERSE, INTEGRADO EN UNA ESTRATEGIA LINGÜÍSTICA, SI ES QUE EL GUSTO RESIDE EN LA LENGUA. SIRVE COMO CONSTRUCCIÓN DE ENTENDIMIENTOS BASADOS NO SOLAMENTE EN TRADICIONES CULTURALES. ES UNA EXPERIENCIA PERSONAL E INTRANSFERIBLE DE LA QUE EL OTRO TAMBIÉN PARTICIPA. ES UN PROCESO DE SOCIALIZACIÓN DEL PLACER, POR ESE LADO TAMBIÉN RESULTA POLÍTICO.

ES, ADEMÁS, UN BIEN QUE DURA PORQUE SE CONSERVA DURANTE TIEMPO EN LA MEMORIA, FORMANDO ASÍ ESA ZONA CEREBRAL LLAMADA

BESOTECA QUE ES METÁFORA DEL CONOCIMIENTO SOBRE OTROS, SOBRE SUS LABIOS, Y ES PARTE CONSTITUTIVA DE LA MAGIA QUE ALGUNAS COSAS ABSURDAS PUEDEN TENER.

EL BESO ES MÁGICO PORQUE ES IRRACIONAL, Y SI ES IRRACIONAL PUEDE MUY BIEN SER FALSO, PERO SE CONSIDERA VERDADERO EN FUNCIÓN DE LO QUE NOS HAYA GUSTADO: DE AHÍ QUE EL AXIOMA CIENTÍFICO NO FUNCIONE PARA NADA EN EL ASUNTO DEL BESO. PARA BESAR BIEN HAY QUE ESTAR ENAMORADO, HAY QUE CREER TANTO EN ESA FICCIÓN COMO PARA SER VÍCTIMAS DE ELLA. ES NECESARIO TAMBIEN NO PENSAR EN NADA MÁS, PORQUE ES IMPOSIBLE HACER DOS COSAS A LA VEZ, Y EL BESO ES MUY ABSORBENTE.

AHORA QUE LOS CIENTÍFICOS QUIEREN DEMOSTRAR COSAS TAN ABSURDAS COMO QUE EL BESO ES UNA APROXIMACIÓN DE QUÍMICAS PARA RECONOCERSE, LO QUE HAY QUE RECONOCER ES QUE EL BESO ES UN ENIGMA TAN FANTASIOSO QUE LO PODEMOS DESCRIBIR COMO: "CUATRO ÁTOMOS DISTRAÍDOS QUE CHOCARAN POR DETRÁS EN UNA AUTOPISTA MOJADA". Y ESO ES LO QUE ES: EL GRAN ESTÁLLIDO.

ALGUNOS BESOS SON MORTALES

NOVELA NEGRA

A pesar de sus lentos, suaves, profundos, cálidos, húmedos e interminables besos, había decidido matarla.

Si no lo hacía su marido, lo haría yo.

Salí, cogí mi Magnum, doblé Pine Street y sigilosamente entré en su casa. Llegué al salón. Cargué el arma. Lo pensé. Decidí.

Disparé, y cayó hacia adelante.

El tío estaba frito.

Hay besos que hacen cambiar cualquier decisión.

L. G.

KISS PRODUCTIONS

PRESENTS

XXX

¡TODA UNA CONSTELACIÓN

DE ESTRELLAS!

“El beso es el único placer para el que es imprescindible acompañante.”

...un beso es
sólo un beso..

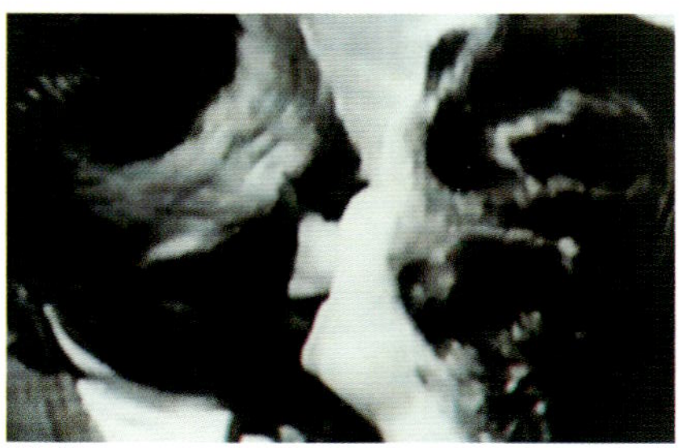

"BESAR O NO BESAR, ESA ES LA ÚNICA CUESTIÓN."

2
tve

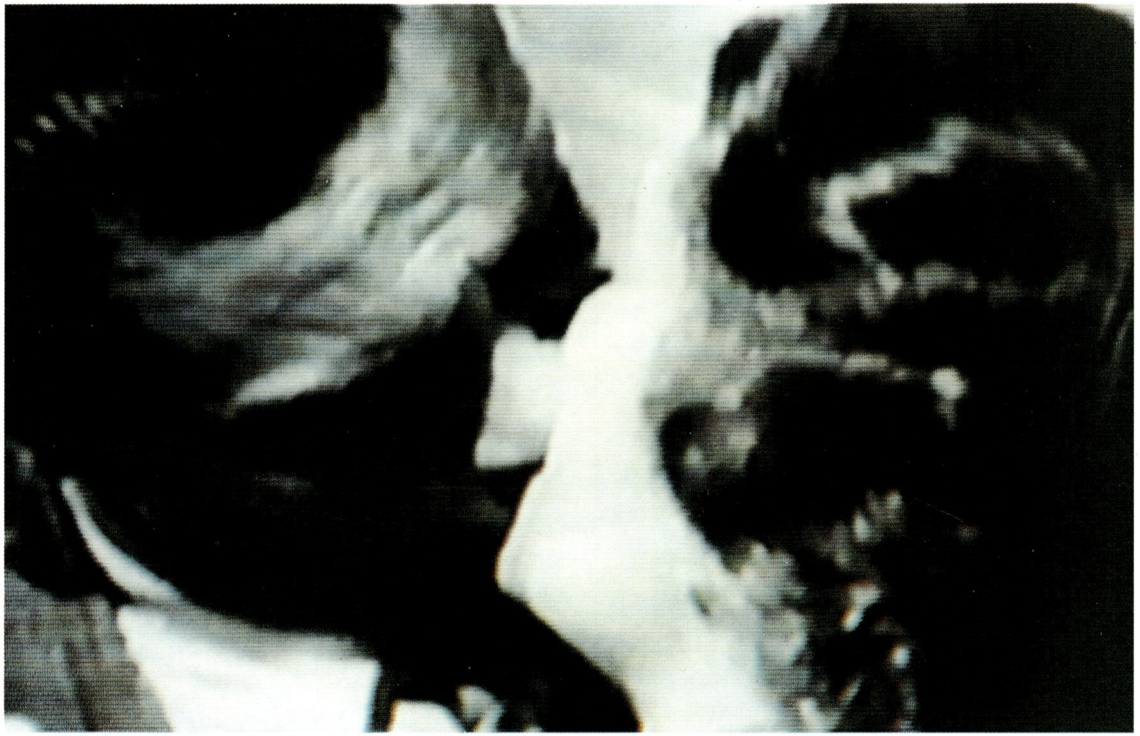

Los mayores desastres personales ocurren a partir de grandes besos, y es por eso que en las películas casi siempre después del beso aparece la palabra fin.

SOLO HAY UNA COSA MEJOR QUE UN BESO: OTRO BESO.

"SIEMPRE ES MEJOR EL BESO SOÑADO."

“BESAR CONSISTE EN CONSTRUIR
FUTUROS RECUERDOS.”

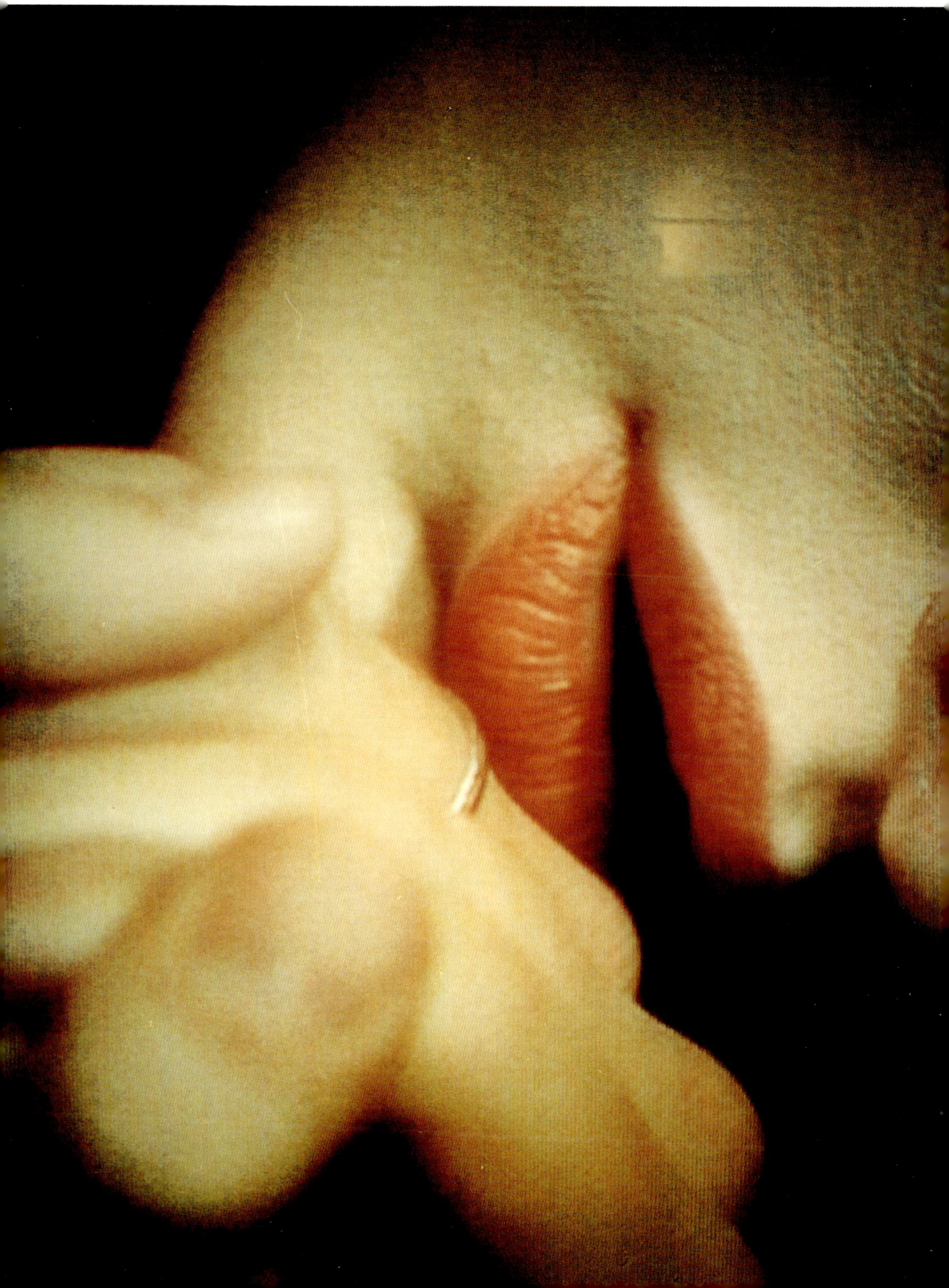

HAY BESOS TAN FRÍOS QUE TE DEJAN DE PIEDRA.

"LOS MEJORES BESOS, COMO LOS PARAÍSOS, SON LOS PERDIDOS."

"ALGUNOS BESOS SON COMO EL CLIMA TROPICAL: ALTA TEMPERATURA, GRAN HUMEDAD, FUERZA RELATIVA Y ACABADO EN HURACÁN."

Lo peor de los besos es que, cuando te acostumbras, se acaban.

LOS MEJORES COMIENZAN CON ÍMPETU Y ACABAN CON TRANQUILIDAD.

EL BESO ES UN IDIOMA UNIVERSAL.
Y POR ESO, DEL QUE HABLA
MUCHOS IDIOMAS SE DICE QUE
TIENE "DON DE LENGUAS".

LA MEJOR MANERA DE CALLAR A OTRO ES TAPARLE LA BOCA CON UN BESO.

PARA UN HOMBRE EL BESO ES UN BUEN APERITIVO, PARA UNA MUJER EN OCASIONES PUEDE SER EL MEJOR POSTRE.

CONTRARIAMENTE A OTRAS COSAS,
LOS BESOS,
CUANTO MAS SE ENSAYAN, PEOR
RESULTAN.

7910
X

‘SOÑAR, BESAR, TAL VEZ MORIR.’

“EL BESO ES TAN PELIGROSO QUE HAY ALGUNOS QUE ACABAN EN MATRIMONIO.”

LOS BESOS SON RELATIVOS EN
FUNCIÓN DE SU EMOCIÓN.

DUPLEI

“EL MEJOR MÉTODO DE ADELGAZAMIENTO SON LOS BESOS. CUANDO LOS ESTÁS DANDO ES IMPOSIBLE COMER.”

El beso es un bien que no tiene precio, es imposible comprarlo. Casi ninguna puta lo tiene en sus tarifas, es la única cosa que guardan únicamente para los que aman.

“EL NECIO NO BESA NUNCA COMO DICE. EL SABIO BESA SIN PROMETER NADA.”

Para que un beso sea grande, debe comenzar en el estómago, pasar por el corazón e instalarse en la cabeza.

Los buenos besos pueden además ser terapéuticos.

Hay besos que se dan como confirmación de comunes desesperanzas.

‘UN BESO ES UNA DECLARACIÓN DE
CIERTO INTERÉS POR OTRO’

En ocasiones besar consiste en evitar tener que decir lo siento.

**Todo el mundo recuerda el primer beso,
pero realmente pocos el último.**

Exit

“LOS BESOS SON EN PRINCIPIO
GRATIS, PERO LOS MEJORES
ACABAN SIENDO CARÍSIMOS.”

“EL BESO REQUIERE APETITO,
CUANTO MÁS GANAS TIENES QUE
TE LO DEN MEJOR SABE.”

En un beso hay que intentar procurarse satisfacción para que uno de los dos quede realmente satisfecho.

‘ALGUNOS BESOS ESTÁN TAN CARGADOS DE PASADO QUE NO TIENEN NINGÚN FUTURO.’

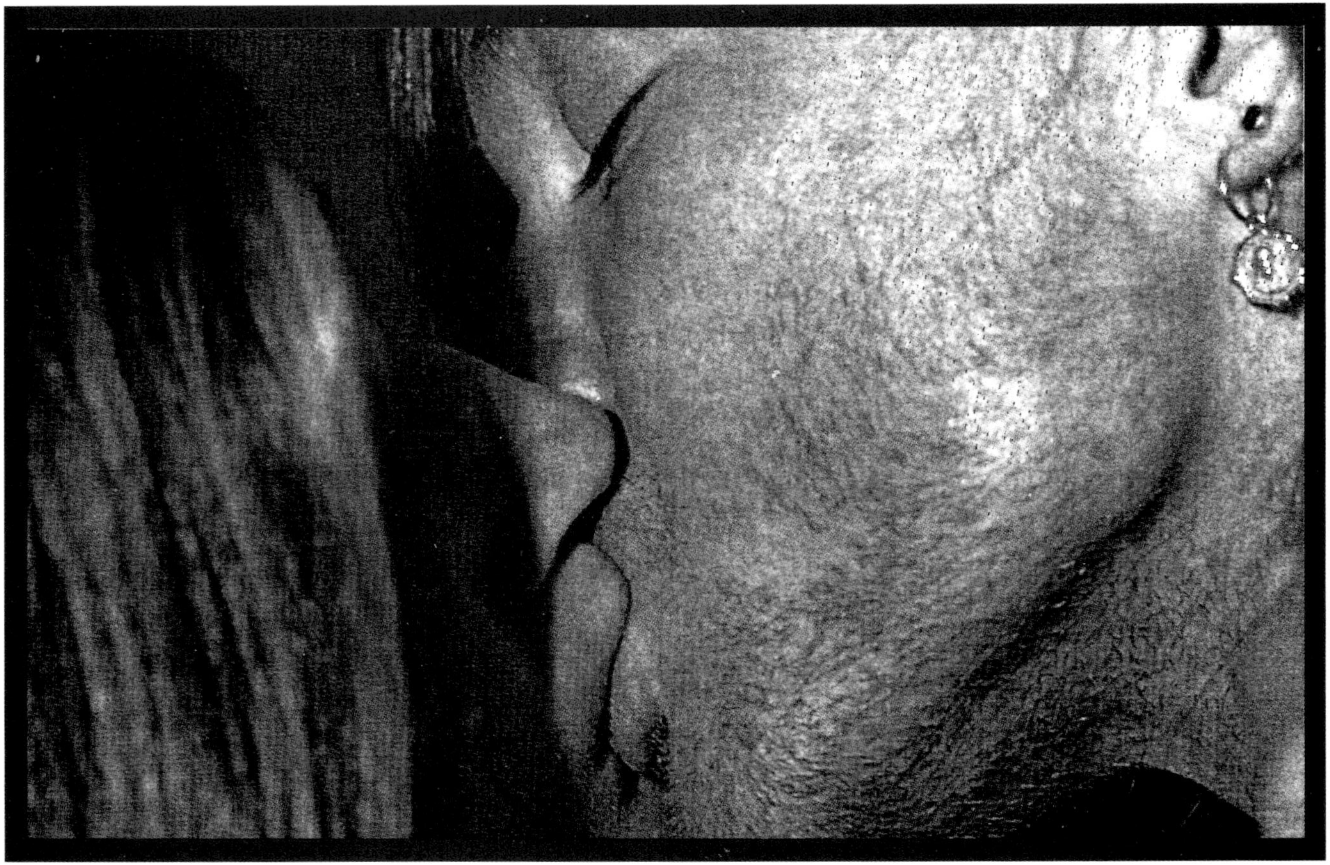

¡Que nos quiten lo besado...!

“HABÍA TENIDO SIEMPRE LA ILUSIÓN
DE VIVIR BESANDO Y AHORA
PRETENDO VIVIR DEL BESO.”

“EN UN BESO PONEMOS GRANDES ESPERANZAS Y EN OCASIONES NO ES MÁS QUE UN INTERCAMBIO DE SALIVAS.”

‘HAY BESOS TAN HÚMEDOS QUE PUEDEN PROVOCAR ENFRIAMIENTO.’

“EL BESO ES EL ÚNICO DEPORTE QUE NO NECESITA ENTRENAMIENTO.”

‘Besar o no besar. Esa es la cuestión.’

“TODOS LOS BESOS ASPIRAN A SUBLIMES PERO ALGUNOS, A FUERZA DE PERSEVERAR, SE CONVIERTEN EN MEDIOCRES.”

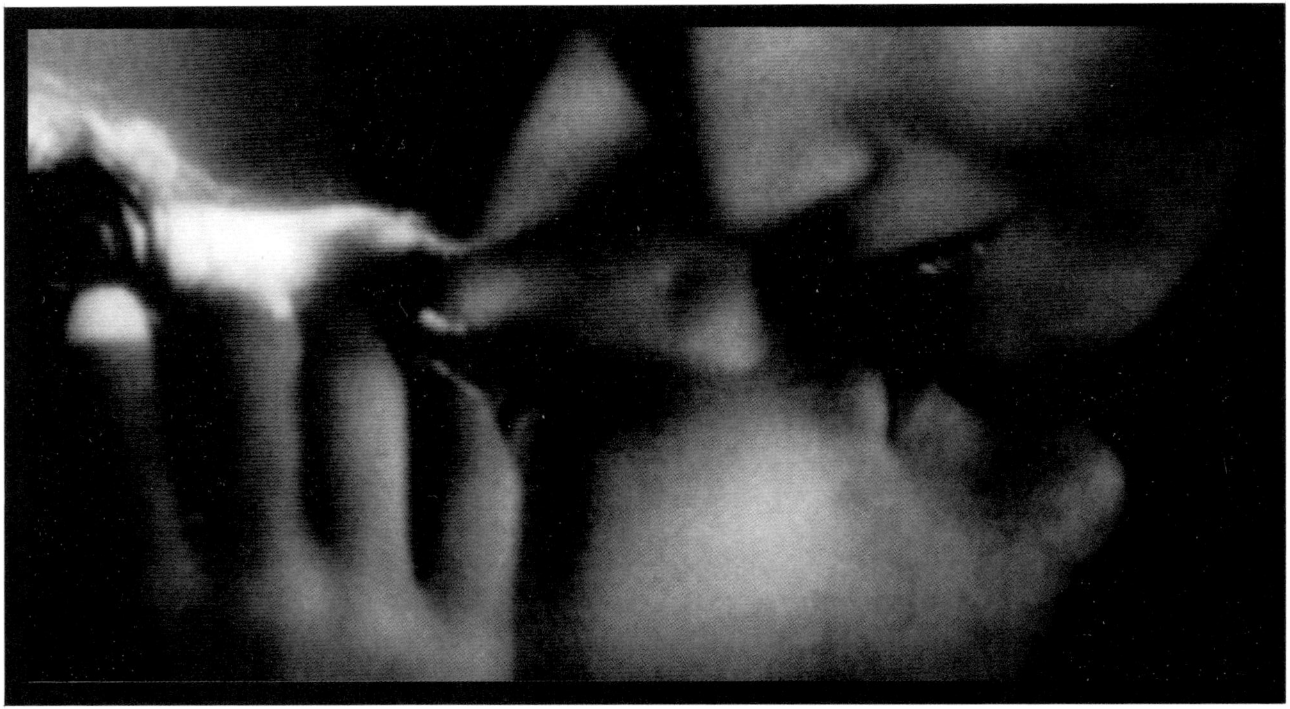

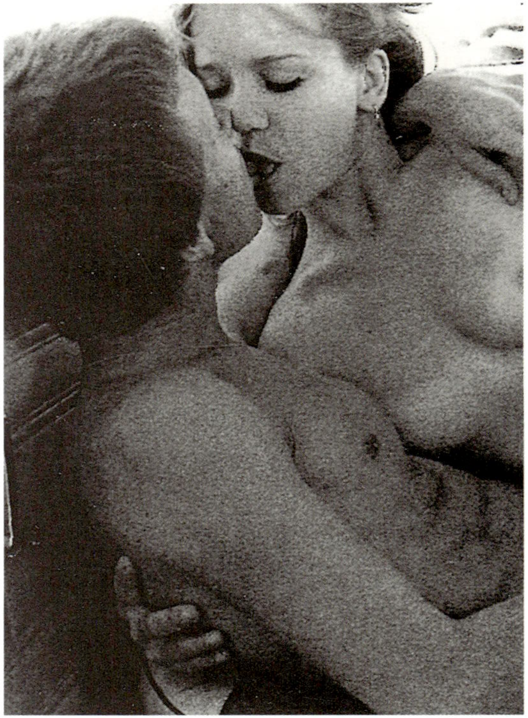

“LOS MEJORES TRATADOS DE PAZ SON LOS BESOS.”

Lo que el beso se llevó...

Hollywood es el único lugar del mundo que paga medio millón de dólares por un beso y cincuenta centavos por tu alma (M. Monroe).

"EL BESO, CUANDO SE CONVIERTE EN DEPORTE, YA NO NECESITA COMPAÑERO, SINO ADVERSARIO."

"El beso francés es una de las cosas por las que Francia no recibe aranceles, aunque es quizás el producto galo más consumido en el mundo."

Únicamente algunos de los llamados besos franceses suceden en Francia.

"EN TODO BESO DEBE HABER TRES ELEMENTOS: EL UNO, EL OTRO Y UN TERCERO EN QUIEN PENSAR MIENTRAS SE BESA."

Con algunos besos se sale de la miseria para alcanzar las más altas cotas de la desgracia.

EL ÚNICO BESO QUE NO SE OLVIDA ES EL QUE NO HAS DADO.

Su boca era como un beso visto de cerca

(F. Scott Fitzgerald)

LAS GRANDES APORTACIONES FRANCESAS A LA HISTORIA DE LA HUMANIDAD HAN SIDO LOS DERECHOS HUMANOS, EL BURDEOS Y EL BESO FRANCÉS.

Los besos son muy bonitos, pero un brillante dura toda la vida

(Anita Loos).

THE END

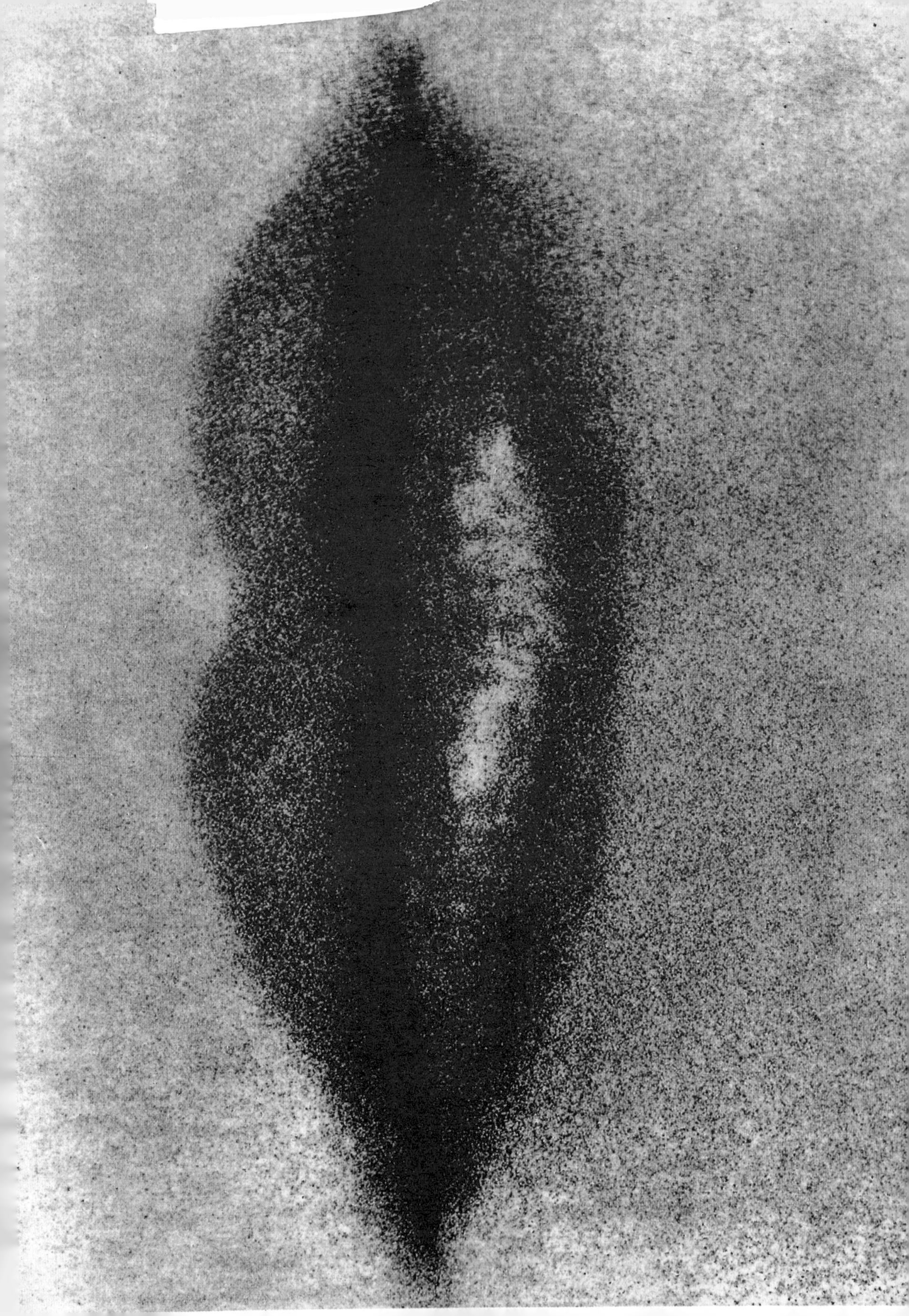